Loin des yeux, près du cœur

Thierry Lenain

Loin des yeux, près du cœur

Herausgegeben von
Veit R. J. Husemann

Worterklärungen von
Laure Boivin

Ernst Klett Sprachen
Stuttgart

1. Auflage 5 | 2025

Alle Drucke dieser Auflage sind unverändert und können im Unterricht nebeneinander verwendet werden.
Die letzte Zahl bezeichnet das Jahr des Druckes.
www.klett-sprachen.de

Herausgegeben von Veit R. J. Husemann
Worterklärungen von Laure Boivin

Redaktion: Elena Bergmann
Layoutkonzeption: Andreas Drabarek
Gestaltung und Satz: Joachim Schrimm, Friolzheim
Umschlaggestaltung: Andreas Drabarek
Titelbild: Shutterstock (Xenia Artwork), New York;
Getty Images (PhotoAlto/Eric Audras), München
Tonregie und Schnitt: Andreas Nesic, Stuttgart
Sprecher: Gilles Floret
Druck und Bindung: Plump Druck & Medien GmbH, Rheinbreitbach

Printed in Germany
ISBN 978-3-12-592149-8

Table des matières

Introduction ... 6
Pour comprendre le vocabulaire inconnu ... 8
Le subjonctif ... 10
Hörbuch und Online-Übungen ... 11

1 Les couleurs ... 17
2 Le foyer ... 18
3 La nouvelle école ... 19
4 La rentrée ... 20
5 Aïssata ... 21
6 La « négresse » ... 22
7 Et alors ? ... 23
8 La déclaration ... 24
9 L'océan ... 25
10 Les larmes ... 26
11 La piscine ... 27
12 La plus belle ... 28
13 Mali (Afrique) ... 29

La liste des abréviations ... 30

Introduction

1. L'auteur

Thierry Lenain est né en 1959. Instituteur, il a travaillé avec des enfants handicapés. Depuis les années 90, il est auteur de littérature jeunesse. Pour son roman *La fille du canal* (Das Mädchen am Kanal) il a reçu le *Grand Prix du Roman Jeunesse* et le *Deutscher Jugendliteraturpreis*. Il est cofondateur et rédacteur en chef de la revue *Citrouille*.

2. Le roman

Hugo est aveugle. Depuis la rentrée, il fréquente une école « normale » où il est bien intégré. Mais quand il fait la connaissance d'Aïssata, il va découvrir d'autres formes de différences et d'intolérance.

3. Comment préparer ta lecture ?

- Lis les conseils pages 8 et 9 pour comprendre plus facilement le vocabulaire.
- Quand tu as lu un chapitre, résume les informations importantes de l'histoire dans une phrase en te posant les questions suivantes :

> Qui ?
> Quelles actions ?
> Quand ?
> Pourquoi ?

Note également des mots-clés que tu ne veux pas oublier.

Chap.	Titre	Résumé	Mots-clés
1			
2			
3			
4			
5			
6			
7			
8			
9			
10			
11			
12			
13			

Pour comprendre le vocabulaire

Si tu as envie de lire un texte sans chercher tous les mots dans un dictionnaire, il y a des méthodes simples pour retrouver leur sens.

1. La famille du mot

Pour trouver le sens d'un mot, il faut trouver sa famille, c'est-à-dire sa racine (Wurzel).

Par exemple :

- « **se déplacer** » (p. 19)
  Tu connais le substantif « **place** » (= Platz).
  Le préfixe **dé**- sert à exprimer l'idée d'éloignement, de séparation, de privation = aller à une autre place, bouger
- « **écouteurs** » (p. 26)
  Tu connais le verbe « écouter ». La terminaison -eurs indique un substantif au pluriel. Du contexte, on comprend que ce n'est pas la personne qui écoute mais l'appareil avec lequel on peut écouter quelque chose (p.ex. la musique). = Kopfhörer.
- « **se rhabiller** » (p. 27)
  Tu connais le verbe « s'habiller ». Le préfixe **r(e)**- indique la répétition ou le retour au point de départ. = s'habiller de nouveau.

2. Mots identiques en allemand, en anglais

Tu peux parfois deviner le sens de mots français à partir de mots allemands ou anglais que tu connais :

déclarer (p. 18)	deklarieren, to declare
trembler (p. 21)	*angl* to tremble
un désert (p. 21)	*angl* desert
l'océan (p. 25)	Ozean, *angl* ocean

3. Le contexte

Enfin, lis bien les mots placés avant et après le mot/le passage inconnu. Cherche le thème de la phrase ou du paragraphe et note ce que tu as compris. Cela t'aidera à identifier le mot, le passage.

Le subjonctif

In dieser Lektüre finden sich einige Formen des *subjonctif*, den du möglicherweise noch nicht gelernt hast. Es ist eine Form des Verbs, die nach bestimmten Ausdrücken und Verben, die z.B. ein Gefühl oder einen Zweifel ausdrücken, steht, sowie nach einigen Konjunktionen, z.B. nach *pour que*. Die folgende Übersicht über die im Text vorkommenden Formen soll zum schnellen Verständnis des Textes beitragen, da der Infinitiv des Verbs nicht immer erkennbar ist. Die *subjonctif*-Form kann in der Regel mit dem Präsens übersetzt werden.

Belegstelle	**Infinitiv**	**Übersetzung**
[...] a proposé que je **fasse** (p. 20)	faire	[...] hat vorgeschlagen, dass ich [...] **mache**
Tu veux que je te **serve à boire** ? (p. 21)	servir	Möchtest du, dass ich dir etwas zu trinken **gebe**?
Ça la troublait que je ne **connaisse** pas [...] (p. 25)	connaître	Es störte sie, dass ich [...] nicht **kenne**.
[...] pour que la voix ne dérange personne. (p. 26)	déranger	[...] damit die Stimme niemanden **stört**.
Il faut bien que je m'occupe de lui. (p. 28)	s'occuper	Ich muss **mich** um ihn **kümmern**.
[...] dans l'espoir que, où qu'elle **soit** [...] (p. 29)	être	[...] in der Hoffnung, dass sie – wo auch immer sie **sein** mag – [...]

Hörbuch und Online-Übungen

Zu diesem Buch gibt es pro Kapitel eine Hörbuchversion als Audiodatei sowie Online-Übungen, die auf der Lernplattform allango zur Verfügung stehen (siehe S.1).

Loin des yeux, près du cœur

Pour Assia

« Oh j'ai le blues de toi,
de tes silences tendres
et de ta voix… »

Gilbert Montagné

1 Les couleurs

Il y a des gens qui ne connaissent pas les couleurs : les gens nés aveugles.

Aveugle, ce n'est pas comme lorsque vous fermez les yeux.

Quand vous fermez les yeux et qu'on vous dit « bleu », vous voyez du bleu dans votre tête. Quand on vous dit « jaune », vous voyez du jaune.

Les gens qui sont nés aveugles n'ont jamais vu les couleurs. Ils ne peuvent donc pas s'en souvenir.

Votre bleu, votre jaune, votre rouge ou votre vert n'existent pas pour eux.

Aussi, pendant que vous êtes occupés à regarder les couleurs, les gens aveugles regardent autre chose.

Je le sais, moi qui suis aveugle.

---

2 **aveugle** non-voyant (→ voir) | 11 **aussi** *ici :* c'est pourquoi

2 Le foyer

Enfant, je vivais dans un foyer.

Je dormais au foyer. Je mangeais au foyer.

Je jouais au foyer. Je fréquentais l'école du foyer.

Et j'en ai eu marre. Je suis monté parler à la directrice, dans son bureau.

– Je veux partir d'ici, ai-je déclaré.

– Pourquoi ? s'est-elle inquiétée. Tu ne te sens pas bien avec nous ?

– Si, mais je ne suis jamais avec des voyants !

– Les autres orphelinats n'acceptent pas les enfants aveugles, Hugo…

– Je pourrais au moins aller dans une école normale !

La directrice a soupiré :

– Dans les autres écoles non plus, rien n'est prévu pour vous…

– Avec mon ordinateur, je peux me débrouiller !

– C'est vrai… a-t-elle admis.

– Alors laissez-moi sortir !

La directrice s'est tue un long moment.

Puis elle a dit :

– Tu es un petit animal fougueux, Hugo.

---

0 **un foyer** *ici :* Heim | 8 **un voyant** → voir | 9 **un orphelinat** Waisenhaus | 12 **soupirer** seufzen | 13 **prévu** *ici :* organisé | 17 **se taire** ne pas parler | 19 **fougueux** heißblutig, ungestüm, feurig

3 La nouvelle école

On ne retient pas un petit animal fougueux… Quelques jours avant l'été, la directrice m'a annoncé qu'elle avait déniché un instituteur prêt à m'accueillir dans son CM2 l'année suivante.

– Mais attention, Hugo, m'a-t-elle aussitôt averti. Aucun collège ne sera obligé de t'accepter ensuite. Il n'y a aucune loi pour cela. Il te faudra alors peut-être revenir ici…

Oui, eh bien on verrait à ce moment-là. J'allais sortir d'ici, c'était l'important !

Pendant les deux mois des vacances, à coups de dictées et de problèmes, j'ai révisé les tables d'addition et de multiplication, les règles de grammaire et d'orthographe. Je me l'étais promis : dans cette école de voyants, personne n'aurait pitié ou ne se moquerait de moi.

Enfin, le mois de septembre est arrivé. Alors que l'école était encore vide, j'ai installé mon ordinateur dans la classe. J'ai appris à repérer l'emplacement des tables, à me déplacer dans les couloirs, à me rendre aux toilettes sans problème.

Je n'avais pas peur du lundi de rentrée qui approchait.

---

2 **dénicher** trouver | 2 **un instituteur** un professeur en école primaire | 3 **le CM2** la classe pour les enfants de 11 ans (dernière classe du primaire) | 4 **avertir** warnen | 5 **une loi** Gesetz | 10 **réviser** wiederholen | 10 **une table** *ici :* Tabelle | 12 **avoir pitié** *f* **de qn** mit jdm Mitleid haben | 12 **se moquer de qn** sich über jdn lustig machen | 14 **repérer** localiser | 15 **un emplacement** une place | 15 **se déplacer** bouger | 15 **se rendre** aller

4 La rentrée

Le premier jour, ma présence dans la classe n'est évidemment pas passée inaperçue. Des chuchotements me parvenaient de toute part…

L'instituteur a invité chaque élève à se présenter. Quand mon tour est venu, j'ai parlé clairement. Ce n'est pas parce qu'on est aveugle qu'on est timide.

Ensuite le maître a proposé que je fasse une démonstration de mon ordinateur. Quand j'ai parlé dans mon micro et que mes paroles se sont affichées à l'écran, tout le monde a été épaté. Leur étonnement a continué de plus belle quand l'ordinateur a répété ce que je venais de lui dicter !

– Peux-tu aussi nous expliquer comment tu lis avec les doigts ? a demandé l'instituteur.

– Monsieur ! s'est écrié un garçon. On pourra essayer ?

La première matinée s'est déroulée ainsi : moi qui expliquais, les autres qui voulaient apprendre…

---

2 **ne pas passer inaperçu** être remarqué | 2 **un chuchotement** le fait de parler à voix basse | 2 **parvenir à qn** arriver jusqu'à qn | 6 **un maître** *ici :* un professeur | 6 **fasse** → faire | 8 **un écran** Bildschirm | 8 **épaté** surpris et impressionné | 8 **l'étonnement** *m* la surprise | 9 **de plus belle** encore | 14 **se dérouler** se passer

5 Aïssata

Tout s'est compliqué à la cantine.

Je m'appliquais à manger proprement. Étrangement, autour de moi, je n'entendais aucun couvert cliqueter, aucune bouche mâcher. Trop occupés à m'observer, les autres ne se rendaient pas compte de leur silence.

Le silence peut parfois être comme un désert dans lequel je me perds.

La tête m'a tourné. J'ai commencé à trembler, à piquer ma fourchette à côté de l'assiette. De petits rires étouffés ont fusé.

Une voix les a fait taire. Une voix qui m'a averti :

– Tu as laissé tomber un spaghetti sur ton pull.

Je me suis ressaisi. J'ai posé ma fourchette et j'ai tenté de repêcher le spaghetti.

– Plus à droite, m'a précisé la voix.

Mes doigts ont enfin trouvé la ficelle gluante. Je l'ai posée sur le bord de l'assiette.

– Il ne devait pas avoir envie d'être mangé… a repris la voix. Tant pis pour lui, il finira dans la poubelle !

À mon grand soulagement, tout le monde a éclaté de rire.

– Tu veux que je te serve à boire ? a proposé la voix.

Elle agissait sur moi comme une caresse.

– Oui, merci… Tu t'appelles comment ?

– Aïssata.

---

2 **s'appliquer à faire qc** sich bemühen etw zu tun | 3 **un couvert** Besteck | 3 **mâcher** kauen | 4 **se rendre compte** réaliser | 9 **étouffé** *ici :* gedämpft | 9 **fuser** se faire entendre | 12 **se ressaisir** sich wieder fangen | 12 **tenter** essayer | 12 **repêcher** attraper | 15 **une ficelle** Schnur | 15 **gluant** klebrig | 17 **tant pis pour lui/elle** Pech für ihn/sie! | 19 **un soulagement** Erleichterung | 21 **une caresse** Streicheln

6 La « négresse »

Aïssata s'est tout de suite proposée pour m'aider en classe.

Elle me lisait les textes que l'instituteur n'avait pas le temps d'entrer dans l'ordinateur et me décrivait les images. En échange, je l'aidais en mathématiques.

Un domaine où elle n'avait besoin de personne, c'était la bagarre. Un garçon avait pu le vérifier au début de l'année. Il avait bousculé Aïssata pour qu'elle se casse la figure dans les escaliers. Elle s'était vengée en lui envoyant un sérieux coup de pied dans le ventre.

Ça leur avait servi de leçon, à lui et aux autres. Ils ne se moquèrent plus qu'à voix basse de la « négresse ».

C'est ainsi qu'ils la surnommaient entre eux.

À chaque fois, ce mot me serrait le cœur.

Seulement, je n'osais rien dire.

Ni dire à Aïssata que je l'aimais depuis le premier jour.

Ni dire aux autres qu'ils étaient des imbéciles.

---

5 **un domaine** Bereich | 5 **la bagarre** Schlägerei | 6 **bousculer** schubsen | 7 **se casser la figure** tomber | 8 **se venger** sich rächen | 9 **servir de leçon à qn** jdm eine Lehre sein | 12 **serrer le cœur à qn** rendre qn triste | 15 **un imbécile** un idiot

7 Et alors ?

Avec les garçons, on discutait parfois des filles.

– Tu en aimes une ? m'ont-ils demandé un jour.

– Oui.

– Une aveugle ?

Ils devaient croire que l'amour, c'était comme l'école : les voyants avec les voyants, les aveugles avec les aveugles.

– Non, ai-je répondu. Elle n'est pas aveugle.

Leur curiosité était piquée au vif. Ils ont continué à m'interroger :

– Elle est dans la classe ?

– Oui.

– Qui c'est ?

Ils ont insisté :

– Dis-nous qui c'est !

Je ne voulais plus me taire. Tant pis pour ce qu'ils penseraient.

– J'aime Aïssata.

Ils ont failli s'étrangler.

– La négresse ? Mais tu ne peux pas !

– Pourquoi ?

– Ben… parce qu'elle est noire !

Je n'ai rien répondu sur l'instant. Puis j'ai dit :

– Et alors ?

---

8 **la curiosité** Neugier | 8 **piquer au vif** wecken | 16 **s'étrangler** *ici : fig* fast keine Luft mehr bekommen

8 La déclaration

Elle était « noire », ils étaient « blancs ». Je ne connaissais pas les couleurs, et je m'en fichais. La peau d'Aïssata aurait pu être « violette » et la leur « orange », ça n'aurait rien changé pour moi.

Ce que j'aimais, moi, c'était ce que je lisais dans le cœur d'Aïssata.

Souvent, les voyants ne s'occupent pas des cœurs. Ils croient que le plus important, c'est ce que voient leurs yeux. C'est leurs yeux qui décident de tout.

Et quand ils voient quelqu'un qui n'est pas pareil, leur regard devient méchant.

Je réfléchissais à cela, un après-midi où j'étais resté en classe pendant la récréation (j'étais le plus souvent seul, depuis mon « aveu »...).

Tout d'un coup, j'ai senti le parfum framboisé d'Aïssata près de moi. Elle était entrée sans bruit.

– Aïssata ?

Elle a approché ses lèvres de mon oreille.

– Moi aussi je t'aime, Hugo... a-t-elle chuchoté.

Et elle m'a donné un baiser.

On n'a pas besoin de voir les baisers pour les recevoir.

---

0 **une déclaration** *ici :* (Liebes-)Erklärung | 2 **qn s'en fiche** jdm ist es egal | 11 **un aveu** Geständnis | 12 **framboisé** qui sent la *framboise* (Himbeere) | 15 **la lèvre** Lippe | 17 **donner un baiser** küssen

9 L'océan

Aïssata et moi, nous ne nous sommes plus quittés. Nous nous donnions la main quand nous nous promenions dans les rues, dans le parc ou au bord du canal.

Elle me racontait les vêtements qui la faisaient rire ou qui lui plaisaient, la cime des arbres dont je touchais les troncs, le dessin des nuages dont je ne connaissais que l'ombre ou la pluie.

Je lui apprenais à écouter le pas des gens qui flânaient ou se pressaient autour de nous, les oiseaux qui chantaient cachés dans les feuillages, les péniches qui se croisaient sur l'eau.

Curieusement, elle s'obstinait à vouloir m'expliquer les couleurs.

Ça la troublait que je ne connaisse pas les couleurs. Je lui avais pourtant affirmé que ce n'était pas grave, que ça ne m'empêchait ni de vivre, ni d'aimer… Elle tenait pourtant à me les apprendre.

Alors il y eut le jaune comme le soleil qui chauffe sur la peau, le vert comme le parfum de l'herbe mouillée le matin, le bleu comme l'océan quand tu es devant. « Tu t'es déjà tenu devant l'océan, pour écouter les vagues et sentir le vent sur ton visage ? m'avait-elle demandé. Eh bien le bleu, c'est comme ça. »

Et elle le répétait inlassablement : ça c'est jaune comme le soleil qui chauffe la peau, ça vert comme le parfum de l'herbe mouillée le matin, et ça bleu comme l'océan quand tu es devant.

C'étaient nos couleurs. Les couleurs de notre amour.

Des couleurs que les autres essayèrent de salir.

---

5 **la cime** Wipfel | 5 **un tronc** Stamm | 7 **un pas** Schritt | 7 **flâner** se promener | 8 **se presser** marcher vite | 9 **une péniche** Lastkahn | 10 **s'obstiner à faire qc** darauf beharren, etw zu tun | 14 **chauffer** → chaud | 14 **la peau** Haut | 15 **mouillé** *ici :* feucht | 16 **se tenir** rester debout | 19 **inlassablement** sans se fatiguer | 23 **salir** beschmutzen

10 Les larmes

Il y a des jours où, sans qu'on sache pourquoi, on est un peu plus fragile ; des jours où les autres peuvent facilement nous faire mal.

Ce matin-là, comme tous les matins, j'ai allumé mon ordinateur et mis les écouteurs dans mes oreilles, pour que la voix ne dérange personne.

Un bip m'a signalé qu'un texte avait été enregistré. J'ai appuyé sur la touche « lecture ».

Comme il aurait répété l'énoncé de n'importe quel exercice, l'ordinateur a dit :

– *L'aveugle est amoureux de la négresse. L'aveugle est amoureux de la négresse. L'aveugle est amoureux de la négresse. L'aveugle est amoureux de la négresse. L'aveugle est amoureux de la négresse. L'aveugle…*

Les mots se déversaient en avalanche dans ma tête.

– *L'aveugle est amoureux de la négresse. L'aveugle est amoureux de la négresse. L'aveugle est amoureux de la…*

J'aurais pu arrêter la voix, effacer ce message. Mais je ne parvenais pas à réagir.

Les phrases ont continué à tourner dans ma tête. Puis elles sont descendues dans mon cœur.

Et elles l'ont brisé.

Les larmes ont alors coulé de mes yeux.

---

6 **enregistrer** aufnehmen | 8 **un énoncé** *ici :* Textaufgabe | 13 **se déverser en avalanche** *f ici :* hageln | 16 **effacer** löschen | 16 **parvenir à faire qc** réussir à faire qc | 20 **briser** brechen

11 La piscine

Cet après-midi, Aïssata et moi sommes allés à la piscine.

Au moment de me rhabiller, dans la cabine, il me manquait un vêtement.

– J'ai perdu mon tee-shirt ! ai-je crié pour qu'Aïssata m'entende de l'autre côté de la paroi qui nous séparait.

– Je vais voir…

Peu après, elle est entrée dans la cabine.

– Tiens… il traînait dans le couloir.

La porte s'est refermée. Aïssata était contre moi. Elle ne bougeait pas. Malgré les cris qui venaient du bassin, un silence nous a enveloppés. J'ai entendu battre nos cœurs.

– J'ai lu ce qui était écrit sur l'ordinateur, ce matin… a-t-elle fini par dire.

J'ai haussé les épaules pour lui faire croire que je me fichais de ces bêtises.

Aïssata a alors saisi mes mains.

Elle les a levées et doucement posées sur son visage.

J'ai d'abord hésité. Puis, en tremblant, j'ai effleuré ses lèvres, son nez, ses joues…

– Est-ce que je suis jolie ? a-t-elle murmuré.

Je n'ai pas eu le temps de répondre. Le gardien de la piscine a ouvert la porte de la cabine.

---

5 **une paroi** un mur fin | 8 **traîner** *ici :* herumliegen | 10 **un bassin** Becken | 14 **°hausser les épaules** *fpl* mit den Schultern zucken | 14 **se ficher** *fam* se désintéresser | 18 **effleurer** toucher légèrement

12 La plus belle

– Qu'est-ce que vous faites là-dedans ? a grondé le gardien.

Je suis resté muet. Aïssata, elle, ne s'est pas démontée.

Elle a répondu :

– Je suis sa sœur.

– Paie-toi ma tête, je ne te dirai rien ! a crié le gardien.

– Mais m'sieur, c'est vrai, a continué Aïssata le plus sérieusement du monde. Mes parents l'ont adopté. Et comme il est aveugle, il faut bien que je m'occupe de lui…

Je n'ai pas pu m'empêcher de pouffer.

Le gardien, lui, ne savait plus trop quoi penser.

– Bon… ben… dépêchez-vous !

Aïssata m'a pris la main et, comme si elle s'adressait à un enfant de maternelle, elle m'a dit :

– Allez, Hugo, papa et maman nous attendent…

Le fou rire que je cherchais à contenir me donnait des crampes au ventre.

Arrivé sur le perron de la piscine, j'ai libéré l'air comprimé dans mes poumons en hurlant :

– Aïssata est la plus belle ! AÏSSATA EST LA PLUS BELLE !

Et j'ai espéré que ceux qui avaient encore la tête sous l'eau m'entendaient aussi.

---

2 **muet** qui ne parle pas | 2 **se démonter** se troubler | 5 **se payer la tête de qn** se moquer de qn | 9 **pouffer (de rire)** losprusten | 13 **la maternelle** Kindergarten | 15 **un fou rire** Lachanfall | 15 **contenir** *ici :* zurückhalten | 15 **une crampe** Krampf | 17 **le perron** l'entrée | 18 **un poumon** Lunge | 18 **°hurler** crier

13 Mali (Afrique)

Quelques semaines plus tard, Aïssata a dû partir.

Une nouvelle loi venait de passer. Pas une loi pour obliger les écoles à accepter les enfants aveugles. Une loi pour chasser les étrangers.

Les parents d'Aïssata n'étaient pas nés en France. Ils ont dû prendre l'avion. Les gens qui décident des lois se fichent des histoires d'amour.

Aïssata s'est envolée pour le Mali, où elle n'était jamais allée.

Avant de se quitter, on s'est juré de s'attendre et de se marier un jour, ici ou là-bas. Aïssata disait que nos bébés seraient couleur café au lait, et que je n'avais qu'à boire du Ricoré chaud et sucré pour me faire une idée de cette couleur.

On s'est écrit beaucoup de lettres. Et puis je n'ai plus reçu aucune nouvelle. J'ignore ce qu'elle est devenue.

J'ai eu trente-huit ans hier.

J'ai écrit cette histoire pour parler d'Aïssata à mes deux enfants.

Et peut-être dans l'espoir que, où qu'elle soit, ce livre lui parvienne aussi un jour.

Aïssata le saura alors : pour moi, aujourd'hui encore, le jaune c'est comme le soleil qui chauffe la peau, le vert comme le parfum de l'herbe mouillée le matin, le bleu comme l'océan quand tu es devant.

Et le noir, c'est comme la douceur de son visage au bout de mes doigts.

---

3 **chasser** *ici :* vertreiben | 6 **s'envoler** wegfliegen | 7 **jurer** schwören | 7 **se marier** heiraten | 9 **le/la Ricoré** une boisson à base de café et de *chicorée* (Zichorienkaffee) | 20 **la douceur** Sanftheit

La liste des abréviations

→	mot de la même famille
°	h aspiré (pas de liaison : *le/la* devant un substantif, *je* devant un verbe)
etw	etwas
f	féminin
fam	familier
jdm	jemandem
jdn	jemanden
qc	quelque chose
qn	quelqu'un